너테를 위해

너테를 위해

김동우 시집

신세계문학

시인의 말

나이가 들어가자
뿌리 내리는 법을 잊어버렸다.
그리고 오랫동안 비는 내리지 않았다.
나는 천천히 걷는 나무
말라버린 탯줄을 끊고
해가 지는 방향으로 걸어가야지

발자국마다 시가 되지 못한 말들이
빗물처럼 고여 있다.

차례

1부

시인의 말 · 5

개인회생 · 12
상심의 시대 · 14
수림로 삼거리에서 · 16
면도 · 18
식물인간 · 19
정찬성을 위하여 · 20
철물점으로 가자 · 21
윤초(閏秒) · 22
내가 말하고 있잖아 · 23
피안 · 24
마이쮸 · 25
토닥토닥론 · 27
전언 · 29

2부

화양연화(花樣年華) · 32
너테를 위해 · 34
도마뱀, 너무 작다 · 36
가을 하늘 · 38
열정페이 노동자 · 39
부자유친(父子有親) · 41
언젠가 네가 물어본다면 1 · 43
언젠가 네가 물어본다면 2 · 44
언젠가 네가 물어본다면 3 · 46
언젠가 네가 물어본다면 4 · 48
아내의 발이 말했다 · 50
아내의 스타킹이 말했다 · 52
아내 몰래 찌개를 끓이는 이유는 · 54
현대 플래티넘실버 Y6S · 56
신년에 · 58

3부

戀詩 · 62

울적한 마리아 · 63

비록 당신이 물어보지 않았지만 · 67

당신의 11월 · 69

당신 이름을 오래 배웠어요 · 70

당신의 말이 내게 닿힐 때 · 72

인생은 막다른 길에서 마주치는 · 74

향기, 기억, 그리고 남았다고 생각되는 것 · 75

봄날에 괜찮아요 그래 · 76

편의점 같은 시 · 77

허물어짐에 대해서 · 78

見蚊拔狂 · 79

아버지의 심장 · 81

북치는 소년 · 83

4부

여우비 · 86
호우주의보 · 87
낮달 1 · 88
낮달 2 · 89
낮달 3 · 90
낮달 4 · 91
낮달 5 · 93
낮달 6 · 95
낮달 7 · 97
낮달 8 · 98
이토록 가벼운 감기 · 99
이토록 지독한 감기 · 101
소나기 · 104
비 오는 날 · 106
기다림의 시간이 끝났다 · 107

해설 | 활엽의 시편들,
      그 안에 찍힌 시 벌레의 무늬들 · 109
      – 정윤천 (시인)

제1부

개인회생

내가 쓴 모든 시는 사실
풋내기 시절 첫사랑에게 빌려 온 것이니
불안을 일당으로 받고 사는 지금 나는
나에게 파산을 선고한다

빛나는 인생이란 결국 빚꾸러미 인생임을
활엽수들이 모든 잎을 떨어뜨린
11월의 마지막 날 비로소 깨달았다

오른쪽 팔을 들어 올릴 때마다
욱신거리는 어깨 통증 때문에
정형외과에서 염증 주사를 맞았다
펜을 잡고 싶지 않은 이유가 하나 더 늘었으니
이제 마음이 놓여야 하는데
삶이 자꾸만 쓰고 또 지우라고 한다

그림자가 나보다 더 빨리 잠드는 밤
그런 밤은 점점 늘어만 가고
나는 뜨거운 불면증에 시달리고 있다

옮겨 적을 별이 없으니
밤하늘은 원래 검은색
어머니의 양수를 본 적이 없으니
우리는 모두 가난한 태생들이다.

상심의 시대

가끔 아내의 말이 사라질 때가 있다
이를테면 지난주 아내가 이틀이나 집을 비운 날
먹고 난 찌개는 냉장고에 넣어두란 말이
사라진 것이다 나는
아내가 사라져 아무렇게나 외로웠고
냄비 속 찌개는 점점 열정이 식어갔으니
마음이 상한 영혼에 영원이 있을까
전전반측 오매불망 사랑도 자연스러운 부패

냉장고는 결혼하고 아내와 함께 왔으나
텔레비전과 달리 나와 살갑지 않으니
지난 십 년, 나는 한 번도 냉장고 문을 열지 않았노라고
뻔뻔하게 아내의 얼굴을 바라보고 하는 말도
사라진 것이다, 아내는
상한 영혼을 아무렇게나 싱크대에 붓고
세탁기로 밀린 빨래를 하고
청소기로 침묵을 빨아들인다
나와 살갑지 않은 것들과 아내는
지난 십 년 동안 어떻게 익숙해진 걸까

익숙하지만 매일 낯선 그대여
나는 언젠가 한 번도 가보지 못한 고향으로 가서
꽃이나 열매나 혹은
벌레를 집어삼키는 잎사귀가 될 것이다
부엽토가 된 사라진 말들을 양분 삼아
오늘처럼 천천히 썩어가며
찌개를 싱크대에 부어버리는 그대를 잊을 것이다, 다만

먼 별에서 온 별빛을 모아 주겠다는
거짓말은 고이 간직해 두었으니
아내여 믿을지 모르겠지만
냉장고 안은 여전히 겨울이다
나는 아직 그 겨울을 열지 않고 기다리고 있다
우리의 영혼이 얼어붙은 만년설원.

수림로 삼거리에서

수림로 삼거리를 지날 때면
나는 늘 신호 하나를 놓치곤 해
오늘도 예외는 아니어서
장전역에서 수림로를 따라 신학대학 쪽으로
내 걸음으로 한 걸음씩 걸어 올라가지만
모퉁이 너머 숨었던 신호등이 보일 쯤이면
신호는 이미 반쯤 흘렀다
내가 좀 더 젊었더라면 아마
뛰어서 건넜으리라 그러나
나는 횡단보도 앞에 멈춰 서서
파란색 숫자가 하나씩 줄어드는 것을 지켜보며
내 몸에 쌓인 시(詩)를 하나씩 버린다
단념은 연습하는 거라고
스쳐 갔던 많은 날들이 가르쳐주었다
어제보다 한 뼘 깊어진 가을
한 뼘은 짧아진 해가 만든 저녁 어스름이
수림로 삼거리에 스며들면
자동차 불빛에 얼룩진 사람들 속에서
혹시 모를 그대를 찾다가

누군가를 이해하는 유일한 방법은
아무런 희망 없이 사랑하는 거라고*
저녁 어스름이 속삭이는 소리에
삼거리 한쪽 벤치에 앉아
이 가을을 견디기로 한다.

*발터 벤야민

면도

단단함이 부드러움 위를 밀고 지나갈 때
전속력이다
나비가 꽃을 향해 날아가는 것처럼

그건 어떤 이유로 이 땅에 뿌리 내린 저주
매일 아침밥을 새로 짓는 것처럼
매끄러운 배로 땅을 밀고
흙을 퍼먹으며
징그럽게

허물을 벗고 매끄러운 속살을 드러내고
뱀의 혀처럼 간교하게 속삭여야지
거울 속의 나는 나보다 계급이 높으니까

아슬아슬하게
칼날을 피했구나
피가 나지 않았으니
잘했어.

식물인간

결승점을 통과하기 직전
마라토너의 심장에서는 어떤 소리가 날까
이번 달 월급으로 나는 감히
소 곱창을 두 번이나 사 먹으며
사바나 초원의 사자가
물소의 내장을 뜯고
뼈를 부수고
더운 피를 핥는 소리를 상상했다
입술로 술잔을 핥으며
소 곱창 한 점을 적어도 열 번을 씹으며
김 부장에게 하고 싶었던 말은
쿳쿳쿳 거친 콧소리 같은 것이었으나
나는 그저 천천히 걷는 나무
발밑으로 술을 빨아들이면
꽃을 게워 내는 불쌍한 인간
바람이 불면
어쩔 수 없는 고민에 휘청거리다가
비가 내리면 또
땅과 함께 젖어 가겠지
시든 잎이 연금처럼 발밑에 쌓이고 있다.

정찬성을 위하여

봄밤에는 봄비가 내린다

비를 품고 있는 구름과 비를 먹고 있는 봄꽃 사이를 채우는 건 바닥에 부딪혀 무수한 신음을 내는 빗방울

나도 어제 꿈 비슷한 것을 꾼 듯하다 그러나 소망은 실망과 절망 어디쯤, 이제 더 이상 주기도문을 외우지 말자

한 남자가 옥타곤 안에서 피 터지게 싸우는 동안 봄밤은 봄비를 마셨고 나는 커피를 마셨다, 흔한 일이다

어떨 때는 봄비가 왜 내리는 건가 싶기도 하다
살면서 왜 우는지 잘 모를 때 그렇다
나도 챔피언이 될 수 없다는 걸 느끼고 있기에 그렇다

봄밤에는 봄비가 내린다 그리고
봄꽃은 간절하게 피지 않는다, 내년이면 나는 키가 더 자란 아이들과 사진을 찍을 것이다.

철물점으로 가자

새해가 되기 전에 동네 철물점으로 가자
가서 30촉짜리 백열전구를 사자
95%의 전기를 열로 낭비하고
단지 5%만을 빛으로 바꾸는
비효율적인 백열전구를 사서
잘려버린 오른손 대신 끼워 넣자
나는 그리 빛나는 인생은 아니었으나
쓸데없이 뜨겁기는 했으니
불혹의 인생이 낭비였다고 해도
혹은 헛짓거리였다고 해도
후회하지 않으리라
새해가 가기 전에 아직
송구영신의 불안한 기도가 끝나기 전에
동네 철물점으로 가자
가서 30촉짜리 백열전구를 사서
포장마차 한쪽에 달아 두리라
해돋이를 보려고 광안리에 몰려든 사람들이
따뜻한 국수를 먹을 수 있게.

윤초(閏秒)

 2017년 1월 1일 오전 9시, 누군가 내 삶에 1초를 더했다, 차올랐다가 스러지기를 반복하는 어떤 상념의 마찰, 가끔은 심장이 규칙적으로 뛰지 않는다, 그날 태양은 자오선을 통과하기까지 얼마나 많은 고민을 했던 걸까, 결국 일대일 대응 함수는 모두 거짓이다

 라디오 아침방송에서 흘러나오는 노래를 들으며, 물을 끓이고, 커피를 마시고, 오늘 읽을 책을 고르다가 세로로 흘러내리는 제목들 사이에서 잠시 머뭇거렸다, 익숙하지만 어려운 일, 낡은 시집의 첫 장을 넘겨 그대를 읽는 일, 그건 불확실한 슬픔이다, 슬픔은 언제나 별이 된다

 크고 작은 별, 빠르고 느린 별, 밝고 희미한 별
 이 밤에 우주의 모든 별들이 저마다의 속도로 돌고 있다
 별과 별, 그 아득한 사이에
 혹시 보이지 않는 톱니가 있어 서로 맞물려 돌아가는 건 아닐까?
 아, 그렇다면 이제는 이해하겠다, 그대
 알 수 없는 평면 끝에 서서 닿을 수 없는 꼭지점이여.

내가 말하고 있잖아

토요일 아침
황령산 등산 갔다
내려오는 길에 나는 보았다

피가 맛있는 가게

필요 이상으로 낡아서
첫소리를 잃어버린 카페에서
뜨거운 검은 피를 홀짝이며

교감은 이렇게 말했다
김 선생 다음 주엔 금정산 어때

나는 첫소리를 잃어버리고
환하게
웃었다.

*정용준의 소설 〈내가 말하고 있잖아〉에서

피안

난생처음 수면 내시경을 하는데
잠이 들지 않으면 어떻게 하지 걱정하다가
깨어났다

아파트 대출금이나
이번 달 애들 학원 비 혹은
간병인 보험을 들라며 조르는 보험설계사의 전화를 걱정하다가
문득 깨어나면 좋겠다

내 그림자보다 늙어버린 내가
긴 오후 햇살에 희미해져 가는 곳에서.

마이쮸

 의도적으로 씹지 않아요 어차피 시간이 지나면 당혹스러움은 사라지니까요 우리는 우리의 일을 하기로 해요 이대로 부드러워져 가는 시간을 만끽해요

 옆집에 새로 이사 온 사람은 인테리어 공사가 시끄러워 미안하다며 우리 동네 쓰레기봉투를 선물로 줬어요 괜찮아요 우리 집값은 어차피 희망소비자가격인걸요

 어제 자이언츠 팀은 타이거즈 팀에게 23대 0으로 졌어요 타이거즈 선수가 친 홈런 볼이 사직구장에 팝콘처럼 터지자 초등학생들이 마이 볼을 외치며 글러브를 흔들었어요

 밀물이 들어오는 시간에는 달에 대해 좀 더 생각하기로 해요 헤아릴 수 없이 긴 시간 동안 우리는 어째서 달을 한 번도 지구에 초대하지 않은 걸까요

 이 모든 게 부끄럽고 미안하면 되지 않을까요 나는 오래간만에 아내를 뒤에서 안고 잠을 청했어요 두 가슴을

공평하게 만지면 공평하게 부드러워져요

 당신의 마이쮸도 부드러워, 포도 맛을 좋아한다고 해서 딸기 맛이 틀렸다는 건 아니잖아요 쫀득쫀득한 나도 좀 더 녹으면 부드러워질 거랍니다.

토닥토닥론

위로를 대출받고 싶다
한 삼십 년쯤 장기 대출로

삼십 년 후에는
첫째 녀석은 성실하고 공부도 잘하니
어디 괜찮은 직장에 들어가서
결혼도 하고 손주도 낳고 잘 살고 있겠지
둘째 녀석은 끼도 많고 애살도 많으니
장사를 하거나 사업가가 되었을 지도 몰라
혹시나 꿈을 이루어서
프로 축구 선수가 되면 더 좋고
아내는 은퇴하고 연금 받으며
남편 눈치 따위 보지 않고 살겠지
시어머니 눈칫밥 세월이 있으니
저도 시어머니 노릇 톡톡히 할지도 몰라

삼십 년 후에는
나는 뭐하고 살고 있을까
요즘 인생은 60부터라니

나는 그때쯤 철없는 10대처럼 살아야지
사고도 치고 반항도 하고
또 건강해서 술도 먹고
아 그런데 시는 그만 써야지
우리 아내가 연금을 받을 테니까
우리 애들이 가끔씩 용돈을 쥐어 줄 테니까
그러면 나는 거들먹거리면서
아빠 덕분에 이렇게 잘 살고 있는 거라고
손주들이 잘 크고 있는 거라고
팔불출처럼 말해야지.

전언

비가 오는 금요일이면
우리 만나요
만나서 얘기 좀 해요
오래전에 헤어졌다 다시 만난 애인처럼
빗물에 젖은 양말에 대해 얘기해요

당신 형편은 좀 나아졌나요?
빗물은 배수구를 따라 흘러가며 주름살을 만들어요
그 시절 날씨가 아직 생각 속에 야멸진데
지금 날씨에 어깨를
툭툭 얻어맞고 있어요

그러니까 우리 만나요
만나서 얘기 좀 해요
알아들을 수 없는 이방인의 헛소리라도 지껄여 봐요

내가 하나의 날씨가 아니라면
어떻게 비처럼 웅얼댈 수 있겠어요
우산 안쪽으로 비가 떨어지지 않아요

우연은 우리에게 없는 날씨입니다

나는 오늘 일기를 쓰지 않겠습니다.

제2부

화양연화(花樣年華)

저녁을 먹고
음식물 쓰레기를 버리러 나왔다가
달이 예뻐서
그냥 달이 너무 예뻐서 맥주를 마시고 싶었습니다

아파트에서 나와 편의점으로 가는 골목길에도
달은 구름에 가렸다가 나왔다가
또 가렸다가 나왔다가 마치 나를 놀리는 듯이
맥주가 마시고 싶었습니다

주차금지 구역에도 차는 주차되어 있고
그건 어쩔 수 없는 일입니다
킥보드를 탄 어린이가 엄마보다 앞서서 달려가고
그건 어쩔 수 없는 일입니다

편의점 앞에는 한 쌍의 연인들이
무슨 이유 때문인지 열심히 다투고 있습니다
너무 가까이 가면 무안해 할까봐 얼른 지나칩니다
편의점 아르바이트생이 고단한 듯이 전공책을 덮고 계

산을 합니다
  오래전 내 모습이었고
  언젠가 누군가의 모습입니다

  그래서 인생의 가장 아름다운 순간이 언제냐고 묻는다면
  나는 달이 예뻐서
  그냥 달이 너무 예뻐서 맥주를 마시겠습니다

  비닐봉지가 앞뒤로 흔들릴 때마다
  맥주 두 병이 서로의 차가운 몸을 열심히 훑어댑니다
  그냥 달은 예쁜데 저기서 저렇게 예쁜데
  여기는 달그림자만 자꾸 아른거립니다

너테를 위해

부산에도 올 들어 첫눈이 내린 날
퇴근길에 생선 트럭에서 고등어 두 마리 산다
두 돌 난 아들 녀석이 잘 먹었으면
좋겠다고 대문을 들어서는데
간만에 만난 집주인이 전세금 얘기를 한다
예예, 그래요 그렇군요
이런저런 이야기
너와 내가 살아가는 조금은 뻔한 이야기는
저녁 어스름 진 찬바람에 더욱 짙어가고
문밖에 매달아 놓은 무청 시래기도
얼었다 녹았다 긴긴 겨울 또
얼었다 녹았다 하며 잘 말라가는데
나는 추위에 잔뜩 움츠러든 채 집에 들어가서
아이의 보드란 볼에다 손을 녹인다
마중 나온 아내에게 나는
여보, 우리 이사 갈까라는 말 대신에
조림하기에 적당히 삼 등분된 고등어를 내밀며
고등어 대가리처럼 먹을 건 없지만
방 세 칸짜리 집을 얻어야겠다고 다짐하고

서툰 발음으로 압빠, 압빠 삐죽이는
아이를 안아 올린다
올랐으면 하는 것은
올해가 지나도 오르지 않겠지만
오르지 말았으면 하는 것은
올해가 지나면 또 오르겠지 그러면서도
아이가 하루하루 자라는 게 참 신기하다
이런저런 생각에 옷을 갈아입는데
부엌에 시래기 고등어조림 끓는 냄새가 얼근하다.

도마뱀, 너무 작다

빗물이 고인 물웅덩이에
왁자지껄 둘러 모인 동네 아이들

이게 뭐야? 아으 징그러!
도마뱀 아냐?
거짓말! 이렇게 쪼그만 게?
아이들은 쉽사리 믿어지지 않는 모양이다

제 몸의 일부를 끊어내고 도망치기에
너무 작다, 저 용신(龍身)
오랫동안 노을을 보다가
승천할 때를 놓친 건 아닐까
아름다운 건
어째서 이토록 잔혹한 걸까

용감한 녀석이 손가락으로 그것의 꼬리를 집어 올리자
끄악! 괴성을 지르며 도망치는 아이들
어째서 아이들은 뛰면서 웃을 수 있는 걸까
생글생글 웃는 생(生)은

어째서 이토록 잔혹한 걸까

저 생글생글한 생 중에 하나를
집으로 데려가 저녁을 먹이기로 한다
아빠, 나 도마뱀 봤어!
하며 웃는 생의 절정이
아직 자르지 못한 내 몸의 일부를 꼭 잡는다

나도 저 도마뱀처럼
노을을 바라보다 납작하게 말라가면 좋겠다
비 온 뒤, 천진한 낭만에게서 시큼한 땀 냄새가 난다.

가을 하늘

너무 늦게 소금을 씻어낸 고등어 등에서
바다 냄새가 참말로 얄궂다
서툰 칼질로 도마 위에 그림을 그리는 새 애기는
충청도 어디 출신이라고 하드만
눈물은 꼭 바다를 닮았더라
찔끔 떨어지는 눈물이 고등어에 떨어질까 봐
얼른 소매로 훔치며 거실을 힐긋 보는데
푸른 부산 앞바다는 가을 하늘처럼 푸르고
말처럼 살이 찌는 남편은 팔을 괴고
전국 노래자랑 외국인 특집을 보고
그 옆에 눈도 못 뜬 새빨간 핏덩이는
꼴에 같은 핏줄이라고 새근새근 잠만 잘 잔다.

열정페이 노동자

여름 해는 눈치도 없지 저녁 7시가 다 되도록 지질 않기에
나는 퇴근도 못 하고 어쩔 수 없이 놀이터에서 잔업을 하고 있는데
거 사장님, 정말 너무한 거 아니오? 밥은 먹고 놉시다! 하면
부모 잘 만난 덕에 겨우 다섯 살에 사장이 된 그는
아까부터, 한 번만 더 타고! 딱 한 번만! 같은 말만 반복하며
계단을 타고 쪼르르 올라가 미끄럼틀을 타고 쭈르르 내려오는데
나는 퇴근도 못 하고 저녁밥도 못 먹고 화가 나서
자꾸 그러시면 가사노동청장님께서 몹시 노여워하실 거라고 으름장을 놓으니
과연 이건 먹히는지, 안 돼! 하며 얼른 내 손을 잡고
고개를 갸웃갸웃 샐쭉샐쭉 웃는 표정을 짓는데
나는 그만 그 웃음에 깜빡 속아 넘어갈 수밖에!

여름 해는 눈치도 없지 저녁 7시가 넘어도 지질 않는

데
   나는 사장님이 탄 뺑뺑이를 돌려야만 하는 열정페이 노동자
   그러니까 너무 열심히 일하려고 애쓰지 말자
   그런다고 지구가 더 빨리 도는 것도 아니고.

부자유친(父子有親)

세면대 앞에서 양치를 하는데
거울 속에 또 다른 내가 양치를 한다
오른손에 칫솔을 쥐고 입에 넣는 각도와
오른쪽 어금니를 닦을 때 고개를 꺾는 각도가 같지만
칫솔의 길이는 다르니까
나와 거울 속의 나는 수학적으로 닮음이라고 해야겠다

내가 입술을 벌리고 앞니를 닦으니
거울 속의 나도 입술을 벌리고 앞니를 닦는다
나를 닮은 거울 속의 나를 보는 것이 즐겁다
그러다가 문득
나를 닮은 거울 속의 나를 보는 것이 두렵다
거울 속의 내가 혀를 내밀고 혓바닥을 닦는다
나도 얼른 혀를 내밀고 혓바닥을 닦는다

세면대 앞에서 양치를 하는데
거울 속에 또 다른 내가
아주 오래 전에 잃어버렸던 내가 양치를 한다
양칫물을 입에 머금었다 세면대에 뱉는다

거울 속의 나도 양칫물을 입에 머금었다 내 양말에 뱉는다
 나는 얼굴을 찡그린다
 거울 속의 나는 생글거린다.

언젠가 네가 물어본다면 1

 어느 날 하나님은 내게 사랑이 뭐냐고 물었어
 얄망궂게도 나는 그걸 내가 어떻게 알아요라고 쏘아 붙였지
 그날 밤 6월 개회나무꽃 살내음이 온 방에 가득했고 나는
 그만 아찔해져서, 아, 아슴푸레 잠들고 말았지
 그새 하나님이 내 심장의 반쪽을 끄집어 내버린 거야
 내 눈앞에서 내 심장의 반쪽이 여린 숨을 헐떡이고 있었어
 내 마음대로 움직일 수 없는 심근은 자꾸만
 자꾸만 꿈틀대며 뜨거운 눈물을 쏟는데
 어쩔 줄 모를 서러움에 나도 같이 울어 버렸어

 잠에서 깬 아내가 가만히 자기 심장 반쪽을 꺼내 내 심장 반쪽에 붙이고는 조물조물 거리는 입에 젖을 물리더군

 참, 세상이 기막히게도 '고요' 하더군.

언젠가 네가 물어본다면 2

한낮의 햇살이 창 너머로 물러가는 시간
담벼락을 타고 오르던 담쟁이넝쿨도 가을에 물들어 가고 있다
가장자리부터 말라가는 잎은 조금씩 바람에 닳아 흩어지고
나는 모든 낡아가는 것들 때문에 조금 쓸쓸하다
오전 일과를 끝낸 너는 낮잠을 자고
그제야 겨우 나는 멈춰있는 너를 찬찬히 바라볼 수 있다
나는 이제야 겨우 아빠가 된 것 같은데
너는 참 빨리도 자라는구나
아기들은 잘 때 더 빨리 큰다는데
어쩌면 나는 영원히 너에게 다다르지 못할지도 모르겠다
시간이, 조금은 천천히 흘렀으면 좋겠다
생각해 보면 소중한 사람은
낮잠처럼 짧고 달콤한 것 같다
단꿈이 깨기 전에
한 번만 더 너를 바라볼 수 있으면 좋겠다

이런저런 생각을 하는데 너는 조금씩 꿈틀대고
나는 오후 일과를 생각하면 또 긴장이 된다
일어나면 또 뭘 할까.

언젠가 네가 물어본다면 3

네가 놀자고 할 때마다
나는 실은 몹시 귀찮아서 그런 거면서
  퇴근하고 돌아온 아빠는 몹시 피곤해요
  그러니까 귀찮게 하지 말고 혼자 놀아요
라는 어린이집에서 배울 수 없는 공부를
온몸으로 가르쳐준다는 핑계로
이렇게 거실처럼 평평하게 눕는 거란다
이런 내 맘을 아는지 모르는지
낱말 카드를 하나하나 내 앞에 꺼내 드는 너
  당근 호박 오이 토마토
  아빠 이거 뭐지 주세요
네가 날마다 조금씩 말이 느는 것처럼
아빠도 자랐으면 좋겠는데
평평하게 눕는 어른이란 다 그래
아무리 어려운 일도 곧 요령을 알아채 버리지
손가락으로 리모컨 버튼을 꾹꾹 누르면서도
네 서툰 발음에 응응 그래, 라고 대답할 수 있게 되었어

모음 하나만 눕혀버려도

왜 어린이가 어른이가 되는 걸까?
사실 아빠도 잘 모르겠구나.

언젠가 네가 물어본다면 4

하루에도 수없이 많은 문장을 내뱉는
그중에 절반은 도무지 의미를 알 수 없는
괴생물체가 베시시 웃으며 접근한다
가이가이보 하면서 주먹을 내밀고는
뭐가 좋은지 까르르 웃는다
나는 세계의 토요일을 위협하는 외계 생물체에게
괜히 심술이 나서 보자기를 내고서
조그만 이마에 딱밤을 먹인다
그래도 좋다고 까르르 까르르
또 내미는 작은 주먹

그러니까 아직 한 번도 꽉 쥐어 본 적이 없는 주먹
울어 본 적이 없는 주먹이 낯설다

숟가락을 꽉 쥐고 밥을 퍼 먹으렴
날마다 밥을 먹으며 키가 자라는 만큼 평범한 사람이 되겠지
그러니까 아직은
바위가 가위를 부수고

가위가 보자기를 자른다는
간단한 삶의 규칙은 몰라도 어때
네가 술잔을 꽉 쥘 수 있을 때쯤이면
아빠가 거들먹거리며 말해 줄 테니

그러니까 아들아, 어쩌면
세상에서 가장 쓸쓸한 건 혼자 하는 가위바위보가 아
닐까.

아내의 발이 말했다

애기 나올 날이 머지않아
운동 좀 해야 한다고
기어이
토요일 오후 햇살에 눌러 붙은
남편을 깨우는 아내
따라 집을 나선다

맘에 들어도
맞는 치수가 없어
제 얼굴처럼 작고
조금은 덜 예쁜 신발만 신던 아내

발이 부었다
그래서
작은 신발에 발이
맞지 않다
구겨진 운동화 뒤축이 유난히 헤졌다

어느 영화에서처럼

붉은 장밋빛
노래가
촛불 아래 아른거리는
로맨틱한 프로포즈를 받고 싶었다는 아내

만삭인 배 앞에
무릎을 꿇고
헤진 운동화 뒤축에 검지손가락을 넣는다

아내의 발이
아프지 않냐고 말했다
나는 괜찮다고 말했다
하지만

꽉 낀 검지손가락이
몹시 아프다
네 몸의 일부가 되는 것은
언제나 몹시 아프다.

아내의 스타킹이 말했다

아내가 내 책장에 포장을 뜯지 않은 스타킹을 꽂아 두었다 정확히 말하자면 파인만의 『여섯 가지 물리 이야기』와 신경림의 『시인을 찾아서』 사이이다 어떻게 하늘 같은 남편의 책장에 스타킹을! 하고 순간 화가 났지만 자상하고 이해심 많은 남편인 나는 마음을 가라앉히고 아내의 처지를 헤아려보기로 한다

아내는 왜 두 책 사이에 살색 스타킹을 꽂아 두었을까 요즘 유부녀들 사이에 유행하는 최신 남편 유혹법일까 잠시 지난 몇 번의 잠자리를 떠올려 보았으나 몇 분 만에 끝났는지 기억이 나지 않는다 나는 한때 지성인이라면 상대성 이론쯤은 알아야 한다고 물리를 공부했지만 삽입과 왕복 운동이 만들어내는 운동 에너지가 몇 만 뉴턴의 오르가슴으로 치환되는지 파인만 씨는 아무 이야기도 해 주지 않았다

살면서 꼭 필요한 이야기는 낯 뜨거운 경우가 많으므로 때로는 자세히 설명하기보다 상상해야 할 때가 많다는 것을 알고부터 나는 신경림 시인이 소개해 주는 시인들의

시를 베껴 쓰고 있었다 한참이나 시를 베껴 쓰다 보면 배가 몹시 고팠고 나는 라면을 먹어야 했고 결국 물리나 시나 돈이 되지 않는다는 점은 똑같다는 걸 알았다

  아하, 그렇구나!

  아마 아내 입장에서는 속은 것이리라 물리 법칙에 따라 물체의 자유 낙하에 대해 시를 쓰는, 시를 쓰며 언어의 불확정성 원리에 대해 떠들어 대는 한 남자에게 한눈에 홀딱 반한 탓이리라

  하지만 그걸 꼭 내 탓이라고만 할 수는 없지 않겠는가! 세상 모든 잘난(혹은 잘난척하는) 남자들의 허세는 실은 종족 번식이 목적인 것을 이미 알아버린 아내는 보란 듯이 스타킹을 카드 삼아 긁는다 아무리 긁어도 좀처럼 돈이 나오지 않는 남편의 허세를 긁으면서 잘 좀 해보라고 잘 좀 해보라고

  에라이, 밤에라도 잘 좀 해보라고.

아내 몰래 찌개를 끓이는 이유는

한밤중의 냄비 안에 찌개가 끓고 있다
무슨 일인지 도무지 찌개가 끓고 있다
이것저것 온갖 상념들이 양념과 버무려져
가만히 있지를 못하고 자꾸만
어깨를 들썩이고 있다

찌개는 원래 뜨겁게 끓어올라야 하는 법
뜨겁게 끓어오르다 아차! 넘치기도 하는 법
냉동실 깊숙한 데서 오랫동안 얼었던
너를 '사랑하는' 기억도
지금은 찌개 안에서 끓고 있다

너를 사랑했던 날도 가슴이 아파서 나는
찌개랑 소주를 먹었다 그리고 지금은
너를 '사랑하는' 기억들이
둥근 냄비 안에서
둥근 거품을 보글거리며 끓고 있다

아니, 사실은 바닥이 평평한 냄비가

독실한 믿음으로 끓고 있는 거다
지구는 둥글지만 지구가 뜨거운 건
평평하다고 믿고 살아가는 평범한 일상이니까

한밤중에 냄비 안에 찌개는 끓고
나는 함부로 잠이 들 수 없다
불을 피우는 방법은 끊임없이 발전했지만
열기를 식히는 건 헛된 바람일 뿐.

현대 플래티넘실버 Y6S

 아내는 한숨을 내쉬었으나 아무 말도 없었으니 굴곡진 세월 이만한 일이 어디 한두 번이었으랴 흔하디 흔한 실수 앞만 보고 달리다 보니 미처 뒤를 보지 못했던 거라고 그저 마음이 조금 앞서다 보니 너와의 추억은 그리 중요하지 않았던 거라고 오히려 이만한 상처쯤이야 다들 견디며 살아가는 거 아니냐고 뻔뻔하게 말하면서도 나는 아내의 시선이 오래 머문 자리를, 아직 덜 마른 은빛 눈물 자국을 모르는 척했네

 몰랐노라고 미안하다고 그럼에도 사랑한다고, 주유소에서 주는 싸구려 티슈 같은 말을 꺼냈지만, 사실 너 아니면 안 되는 것도 아니었으니 아내는 괜찮다고 했으나 새로이 시작하기에 가계대출이 부담스러웠던 거지 네 몸에 올라타면서 생긴 할퀸 자국, 멍든 자국, 불필요한 부정교합은 그저 견디면 되는 줄 알았네, 세상이 내게 주는 상처처럼 그렇게

 이별을 말하기에 장소는 그리 중요하지 않을지도 모르지 그리고 아내는 울었지 아이보리색 주차장 벽면에

한가득 적힌 내 욕설을 읽으며, 그리고 나는 알았네 사랑은, 고백은 사실 너무나 공허하다는 것을, 그러니까 나 역시 세상에 상처를 주는 개잡놈이었던 거지 주차장 벽면에 아이보리 색을 칠할 생각도 못 하고 너는 아직 은빛 눈물이 세월처럼 흘러내리고.

신년에

어제는 조금 경박했는데
그래서 참 다행이구나 싶었는데
오늘은 제법 천박해져 버렸다

아빠와 아들과 더 작은 아들과
공부와 닌텐도와
장래희망과 어린이날 선물과
김밥과 라면의 조화에 대해서 이야기하다가

쓸데없는 말이 많아졌다
아이들은 귀에 버즈를 꽂는다
선도 없는 것을 귀에 꽂았으니
선을 넘는다고 할 수도 없는 일

아내는 주홍빛 잘 익은 홍시를 파먹으면서
드라마를 본다 슬기롭게
의사 생활을 하면서
40대 정기검진에 대해 나보다도 더 많은 말을 한다
우리는 참 쓸데없이 말을 많이 한다

나는 나를 가꾸는 일을 잊어버렸다
하루에 영어 단어 몇 개씩 잊어버리고 있다
관절이 늘어난 용수철처럼
쓸데없는 잡념은 길기만 하고
오늘도 오늘 먹다 버린
음식물 쓰레기를 버리러 나간다.

제3부

戀詩
- 맑은물 교회 10주년에

오름직한 동네 뒷산에
10년 만에 등산 갔다가
계곡물 흐르는 바위에
잠시 땀을 식히려 앉았다가
물푸레 나뭇잎 사이로
촘촘하게 내린 볕뉘에
물비늘은 싱그럽게 반짝이고

얼굴 좀 씻을까
조심스레 손을 담그다
에그 징그러!
손바닥에 꿈틀거리는
작은 플라나리아

사랑하는 이여, 내가 너를 이렇게나 사랑한다
맑은 물속에 꿈틀대는 징그러운 너.

울적한 마리아

1.
그리하여 마리아가 말했다
내 영혼이 주님을 찬양하며
내 마음이 내 구주 하나님을 좋아함은
그가 이 여종의 비천함을 보살펴 주셨기 때문입니다
이제부터는 모든 세대가 나를 행복하다 할 것입니다

그러니
울지 말아요 마리아
내가 잘못했어요
고개를 들어요 마리아
이렇게 웃어봐요

2.
고요한 밤
거룩한 밤
어둠에 묻힌 밤
헤아릴 수 없이 많은 지상의 별 때문에
하늘에 별이 보이지 않는 밤

차가운 것은 없다고 믿는 믿음과
차가운 것이 따뜻해지기를 바라는 소망과
차갑지도 따뜻하지도 않은 사랑이 거리를 가득 채우자
백화점 옥상에서 흰 눈이 내린다

와, 첫눈이야
사방에서 플래시가 터지자
올해 인기 가수의 캐롤송이 흘러나온다

지금 이 순간은 오로지 인간의 것
스마트폰이면 모든 것이 가능한 시대에
우리들의 하나님은 어디에 있을까
갈 곳을 잃은 기도들이
녹지 않는 눈과 함께 허공에 흩날린다

3.
울면 안돼
울면 안돼

울면 선물을 받지 못한단다 아가야

울지 말아요 엄마
내가 잘못했어요
고개를 들어요 엄마
이렇게 웃어 봐요

4.
고요한 밤
거룩한 밤
영광에 휩싸인 밤

후드를 푹 뒤집어 쓴 한 소녀가
가던 길을 멈추고 자꾸만 뒤를 돌아본다

구유에 누인 아기가 말했다
속죄는 너무 흔해졌는데
엄마는 대체 왜 우나요

소녀는 울면서 말했다
미안해
하지만 엄마는 이제 겨우 고등학생인걸

5.
성탄절 아침
거리에는 더 이상 노랫소리가 들리지 않았다

잠에서 깬 늙은 목사는
경건한 손으로 베이비박스를 열었다
아기 예수가
젖을 찾으며 울고 있었다.

비록 당신이 물어보지 않았지만

  낯모르는 당신이 저만치 앞서 걸어가고 있네요 오늘 하루는 어땠나요? 걸음을 빨리하면 쫓아갈 수 있을 테지만 굳이 그러고 싶진 않았어요 당신은 나와 같은 함수를 이용하지만 함숫값은 다른 사람 내 몸과 같이 사랑하기엔 우리가 출발한 정의역이 너무 달라요 은하철도는 어둠을 헤치고 우주 어디론가 달리겠지만

  당신이 걸어가는 속도와
  내 마음이 머뭇거린 시간을 곱하면
  그건 당신과 나 사이의 거리
  신이 몰래 부러뜨린 갈비뼈가 다시 돌아오는 길을 몰라 어쩔 줄 몰라 이렇게

  엇갈린 운명 비극 속 주인공처럼
  그예 나는 당신이 숫자로 깜빡이며 올라가는 걸 바라봅니다
  당신은 나보다 다섯 계단 위에 사는 사람
  나보다 다섯 계단 위에서 세상을 바라보겠죠 그런데, 당신 오늘 하루는 어땠나요?

오늘은 수요일 저녁이고
곧 있으면 8시 뉴스가 끝날 시간이라고 재활용 쓰레기가 가득하지는 않냐고 괜히 참견해 봅니다

비록 당신이 물어보지 않았지만
내가 먼저 물어본다면
정말 그러면 우리 모두 괜찮아질 거라고.

당신의 11월

가을이 가기 전에 한없이 게으름을 피우고 싶었는데
하루도 뜻대로 되는 날이 없었습니다
삼 년 전에 이사 온 동네를 며칠 전에서야
겨우 어슬렁거리며 기웃거렸으니까요
사람 사는 모양새가 다 거기서 거기라고는 하지만
딱히 그런 것만은 아닌 것 같더군요
좁은 골목을 가로막고 있는 이삿짐 차를 보았고
짐칸에 겹겹이 실린 짐들 사이에
아슬아슬하게 실린 세발자전거를 보았습니다
비스듬히 걸으면 골목을 지날 수 있었겠지만
굳이 그러고 싶진 않았습니다
남의 뻔한 세간을 굳이 보고 싶지 않았기 때문입니다

이젠 누군가를 엿본다는 일이 힘에 부칩니다
당신의 11월을 지날 때도 그랬습니다.

당신 이름을 오래 배웠어요

찔러도 피 한 방울 나지 않는
구름 속에
감정을 담아 두었어요
필요할 때 꺼내 쓸 수 있다지만
대체로 그냥 넣어둘 뿐이죠

어떤 개념은
정의하기 너무 어렵지만
나는 때때로 시리얼을 우유에 말지 않고 그냥 먹어요
씹기 힘든 말이 입 속에서 바스락거리긴 하지만
그림자를 남기지 않아요

아무리 오래 배워도
어려운 일이네요
누군가의 이름을 정확하게 불러준다는 건

누군가에게 밥을 담아 줄 때면
나는 꼭 먼저 물어봐요
진짜 하고 싶은 말은 괄호 속에 넣으면 되지만

살면서 그런 것쯤이야
그냥 넘어가는 때가 많더라고요

그럴 때면 눈물을 닦아요
휴지 한 통을 다 쓸 때까지
밑바닥을 모를 때까지.

당신의 말이 내게 닿힐 때
  - 지구촌 고등학교 졸업생들에게

아직 9월이 다 가지도 않았는데 서둘러 시를 써야 한다는 게 슬픈 밤입니다 원고지 첫 칸을 띄어 놓고 한참을 망설였지만 오래 전에 배웠던 당신 말들이 책상 서랍 깊숙한 곳처럼 아득합니다

그저 마음속에 있는 것들을 옮겨 놓는 일일 뿐인데 어느 가을 저녁을 떠올리는 일일 뿐인데 생각을 뒤집어버리는 건 어째서 이렇게 부끄러운 걸까요 궁금한 듯 하나 둘 켜지는 가로등 아래를 나는 모르는 척 지나치고 말았습니다

물이 담겨 있지 않은 물병자리에 대해 뭐라고 말할까요 지느러미도 없이 헤엄치는 남쪽물고기자리는 또 어떻고요 점과 점을 이어주는 건 당신과 함께 했던 이야기인데 이야기가 모두 끝나면 당신도 없는 겁니까

대답할 수 없다면 침묵해야 하겠지만 새벽 세 시의 공기는 한심한 고백보다 차갑습니다 저기 달이 밀입국자처럼 몰래 국경을 넘고 있습니다 당신이 나를 똑바

로 보고 하품을 하지 않듯이 나도 달의 뒷면에 대해 말하지 않겠습니다.

인생은 막다른 길에서 마주치는

 차를 몰고 일방통행 골목길로 들어설 때였다 저기 앞에 골목길 한복판에 작은 참새 한 마리가 아무것도 모르고 그저 열심히, 아무것도 없는 것 같은 바닥을 쪼아대고 있었다 도무지 날아갈 줄도 모르고 나는 설마 제까짓 게 이만하면 날아가겠지 공허의 속으로 날아가겠지 브레이크를 살짝살짝 밟으며 속도를 줄이며 하지만 멈출 생각은 전혀 하지 않고 일방통행로를 따라 서서히 다가가는데 어리석은 저 참새 작고 작은 참새는 어쩌자고 날아가지를 않고 복사뼈 복사뼈처럼 뚜렷한 여기 있음이, 여기 있음이 오늘 햇빛을 받아 선명하게 반짝인다

 마침내 차는 참새를 지나고 작은 참새는 무사히 날아갔는지 알 수 없고
 인생이 태어남과 죽음 사이의 선택이라면
 오늘 나의 선택이 당신에게 다행이기를.

향기, 기억, 그리고 남았다고 생각되는 것

중국 장수성 타이저우에서 명나라 시대 것으로 추정되는 여성 미라가 발견되었다

옷을 입고 누비이불에 쌓인 채 발견된 여성 미라의 피부는 얼굴 특징을 잘 알아볼 수 있을 정도로 보존 상태가 양호했다

여성 미라의 가슴에서는 향낭이 발견되었다

무엇을 기억하느냐보다 어려운 건
어떻게 기억하느냐의 문제
꽃이 꽃잎을 떨어뜨린 이유처럼

오늘의 나는
내일의 너를 만나기 위해
기억을 씹어 삼킨다

자기 꼬리를 씹어 삼키는 뱀
우로보로스처럼.

봄날에 괜찮아요 그래

또 비가 오는 봄 어느 아침
탕비실에서 커피 한 잔 하면서
비 때문에 피려는 봄꽃 다 지겠다고 했더니
나이 지긋하신 원로 선생님 말씀하시길
비가 오니 꽃도 피겠죠

문득 억울해 죽을 것 같던 그저께 일이 떠올랐다가
봄비처럼 땅속으로 스며듭니다
봄날 언젠가는 꽃이 되겠죠

봄산에는 개별꽃 쇠별꽃
봄들에는 제비꽃 애기똥풀

봄비는 봄꽃만을 위해 내리지 않으니
왜 하필 지금 내게
라는 말은 하지 말아요

봄의 변덕이 봄의 잘못이 아니듯
우리 생의 잘못도 우리 잘못이 아닙니다.

편의점 같은 시

늦은 밤 아내 몰래 술이 마시고 싶으면
집 앞에 있는 편의점으로 가요
아내가 알면 남편을 구박하겠지만
적어도 편의점은 내 편이거든요
사십 대 남자와 편의점과 월급계좌의 공통점은
빈칸이 생기면 얼른 메꿔야 한다는 거죠
그래서 나는 편의점 같은 시를 한 편 써 보고 싶었어요
시어와 시어 사이 빈칸마다
색색이 다른 감정을 채워 넣고 싶었어요
늦은 밤 아내 몰래 술이 마시고 싶은 이유를 들자면
어디 하나둘이겠어요? 다만 유구무언일 뿐
무엇보다도 우리는
열심을 다해서 심심하면 좋겠어요
야간 아르바이트생이 빈칸에 숨어 졸고 있어요
잠시, 잠시만요 우리끼리만 알기로 해요
편의점 조명은 늦은 밤에 몰래 깜빡여요.

허물어짐에 대해서

불알친구 녀석과 사소한 일로 틱틱대다가
괜시리 같은 공기 숨 쉬는 게 서먹서먹하고
데면데면하던 낯짝을 보는 게 찝찔할 때면
사는 일이 본래 허기지면 짜증부터 나는 법
사내자식들의 유치찬란한 허풍 같은 것은 잠시 접어두고
둘이서 국밥 한 그릇 먹으러 간다
네 온갖 허물을 알고 지내온 날이 얼마기에
나는 또 너에게 이렇게 허물어지는가?
뜨거운 국에 과감히 제 몸을 던지는 밥의 무례함과
내 어느 쪽 불알이 더 큰지 예전부터 잘 알았기에
넉넉하게 이 맨몸을 받아주는 국의 친밀함이여
말없이 소주 한 잔 주거니 받거니 하다가
국밥의 더운 정과 소주의 화끈함이 슬슬 오르면
또 이 새끼
뭐 이 새끼 하면서
낄낄대는 것이다.

見蚊拔狂

1.
그녀,의 사체(死體)는 온전했다
사인(死因)은 갑작스런 충격으로 인한 심장마비
비록 싸늘한 주검일지언정
매끈하고 긴 다리와 잘록한 허리는
그녀,가 생전에 얼마나 매력적이었는지 증명한다
무엇보다 가늘고 긴 입술
은밀하고
강렬하게
그녀의 입술이 훑고 간 팔꿈치가 몹시 가렵다

2.
가끔 그녀,가
손가락을 깨물 때면
정말이지 미칠 것 같았지
몰래 다가와
상처만 남기고 간 내 사랑이여

그래서 어떤 사람은 날 비웃었어

가진 것 다 주고도 그녀,를 잡지 못하는
호구라고
괜찮다! 괜찮다!
그대 배가 빠알간 석류처럼 부풀어 오를 때까지
나는 기다릴 수 있다

그러니까 사랑을 위해 우리는 모두
호구가 되어야 한다

3.
내가 짝!
하고 박수를 친 이유는 다름이 아니다
그건 사랑이
박수 칠 때 떠나는 것이기에
또 몰래 떠나려는 그녀,를 위해
나는 박수를 쳐 준다

내 단단한 마음을 뚫고 들어온
그녀,의 가늘고 긴 입술이 파르르 떨린다.

아버지의 심장

제 키가 당신보다 자란 줄로만 알았죠
몰랐어요 설마 당신이 스스로를 녹이며 줄어들고 있는 줄은요
당신이 묵묵히 밝혔던
미미한 범위 안에서 투덜거리기는 했어요
그 밖에 깔린 어둠이 얼마나 두꺼운지 상상하기에는
제가 철이 좀 없었거든요
저는 늘 당신 밖에 빛나는 별을 바라봤어요
언젠가 어머니 화장대 위에 놓인
당신 월급 명세서에 적힌 숫자를 보고서는
그 달 내가 받을 용돈을 미리 어림셈 해본 기억이 나요
H.O.T 카세트테이프를 포기해야하는 섭섭함보다는
나도 당신처럼 미미한 숫자로 빛날까봐
사실 그게 더 겁이 났어요
그러게요 그 나이에 저는 여느 또래들처럼
당신의 숫자와는 비교할 수 없는 숫자로 빛나는 별을 동경했어요
십 원 백 원 단위로 타오르며
한 뼘 공간을 밝히는 삶이 기적인 줄 몰랐어요

가늘게 꼬인 심장을 태우며 제 살을 녹여야
내 아이가 살 범위를 만들 수 있다는 것을
저도 이제 알 나이가 되었거든요

늦은 밤이에요 아버지
지상에 모든 아버지들의 심장이
지금도 여기저기서 가늘게 꼬여 타고 있어요.

북치는 소년

어떻게 하면 크고 멀리 소리를 울릴 수 있을까
철없이 고민했던 시절이 있었다
미친 듯이 두드리는 것 말고는 아무 생각이 없던 시절
이었다

두드리면, 북은
어떻게든 소리를 낼 수밖에 없다는 것도 모르고
오로지 두드리는 수고만을 생각했던
두드리면 울리는 북의 소리를 당연하게 생각했던
질풍노도의 시절이었다

북이 너무 작고 볼품없다고
힘껏 때리는 것 말고는 방법이 없지 않냐고
내용이 없는데 어째서 아름다울 수 있냐고*
무례한 말을 내뱉었던 소년이
이제 아버지가 되었다

또 다른 소년이 북채를 열심히 두드린다
지금,

어떻게든 소리를 낼 수밖에 없다.

＊김종삼, 〈북치는 소년〉에서 인용

4부

여우비

 여름의 끝자락에 내린 여우비는 슬프다 사실 우리가 사는 우주는 열한 개라고 하지만 나는 아직 다른 우주에 가 본 적이 없지만 너는 그게 별 일 아니라는 듯이 여우비처럼 사라지곤 했다 저녁 하늘은 제 몸이 잠시 젖은 지도 모르고 노을에 물들어가고 그랬던 것은 언제나 그럴듯하게 감춰지곤 했다 나는 아무리 생각해봐도 내가 이렇게 젖었다는 사실이 믿기지 않았기에 잠시 꿈을 꾸는 거라 생각했지만 자꾸만 내 몸에서 뚝뚝 떨어지는 노을, 불안하게 고요한 물웅덩이, 속에서 아가미를 움찔거리는 붉은 연어가 소리 없이 아가미를 빠끔거린다 언젠가 허무하게 스러져버렸던 말, 후회하고 후회했던 말, 분명히 그랬지만 그럴듯하게 감춰버린 말. 어쩌면 나는 내 우주의 끝자락을 본 건지도 모르겠다

 그 때 너는 사랑이 뭔지 아직 잘 모르겠다고 말했다
 그 때 너는 작은 우산을 접고 어느 우주로 걸어갔다
 열한 개의 우주 중에 하나쯤은 슬퍼도 괜찮다는 듯이.

호우주의보

어째서 익숙한 것에만 손이 가는 건지
어째서 지난 폭우에 망가진 우산이 우산꽂이에 꽂혀 있는 건지
그리고 물기는 아직도 마르지 않은 건지
어째서 너는 쏟아질 것을 예고하고서야 오는 건지
고인 물웅덩이는 너를 거꾸로 비추는지
바지는 끝단부터 조금씩 젖어가는 건지
어째서 물은 뒤집어야 이야기를 드러내는 건지
행간을 손가락으로 짚으며 조심스레 읽어야 하는 건지
어째서 시는 젖은 종이 위에다 써야 하는 건지
그늘이 없는 것들은 이렇게나 슬픈 건지
너는 자꾸만 자꾸만 어긋나는 건지
낭만은 언제나 착각으로 드러나는 건지.

낮달 1

밤이 겹칠수록 그대 존재가 더욱 빛나던 때가 있었다

녹아내리는 어둠에 쓸려
서서히 잊히는 안타까움을
뭐라고 불러보면 잡을 수 있을까
마음 한편에 의미 한 자락 걸어두려고
입 언저리에서 맴돌다 스러지는 나의 말은
아마 사랑 비슷한 것이었으나
별빛에 스치는 바람처럼
어느 한 자리에도 머물지 못하고 자꾸만
자꾸만 빛가루로 흩어지느냐

어제와 오늘의 경계에서 머뭇거리는 그대
가문 빛에 겨운 새벽하늘
희미한 못 자국이여.

낮달 2

   어둠 속으로 작은 빛이 스미어 하얀 얼룩 하나 멍울졌구나

창틈으로 아침이 들면
지난밤을 지새운 책상 위에
이름만 쓰다 구겨버린 유적들이
희미해져가고 달의 날개 뼈는 아직도
내려올 줄 모르고 어둠은
조금씩 아침에 겹쳐만 가는데
나의 어둠에 그늘은 없네
빛이 외길로 사그라지면 어디쯤에서 그치겠지.

낮달 3

아침이 어둠을 쓸어버리자 남은 것이 너였다
배경에 겹쳐 희미해지는 하얀 마침표

원근을 잃어버린 풍경화의 구도를 잡는 것은 슬프다
닿을 수 없는 거리에 있다는 것 보다
있어야 할 자리가 아닌 곳에 비껴서 있는 것
너와 눈이 마주치는 것이 이제는 어색하다
지나치거나 혹은 모자라거나
시선은 자꾸만 머뭇거리다 미끄러지고
이제는 내가 봐야만 하는 것이 너무나 많은 시간
그러나 어둠은 언제고 찾아오겠지
조명이 꺼진 무대에 막이 내리면
이 유치한 연극도 결국은 끝이 나겠지
다만 내용이 없는 아름다움도 사랑이라면
결말이 뻔하더라도 슬프지는 않다

귀밑머리를 쓸어 올리면 언뜻 보이는
그대여 혹은 그대여
이 별까지 거리는 얼마인가.

낮달 4

여름의 아침은 생각보다 빨리 이항정리 되지만
버스가 언제 도착할지는 미지수다
풀이가 쉽더라도 때로는
답을 구하기가 어렵기도 하다

실수로 이어폰을 챙겨오지 않아선지
아니면 오늘자 무료 신문이 모두 동이 나선지
이런 날은 또 버스가 생각보다 늦고
늦은 버스를 기다리며
베지밀 한 병을 사먹는 날이다
사실 버스 정류소 옆 치자나무가 몰래 꽃을 피웠기 때문이다

머뭇거리다가 가끔 늦기도 하지만
치자나무가 버스의 공회전을 이해하는 것처럼
나도 버스의 사춘기를
이해해야겠다고 생각하는 날이다

베지밀 한 병을 다 마시도록

버스는 아직 오지 않는데
정류소 의자에 앉아 치자나무 꽃냄새를 맡으며
오늘 제출한 보고서에 잘못 찍은 스테이플러 자국도
괜찮다고 생각하는 날이다.

낮달 5

나 어젯밤 몰래 그대를 읽다가
그대라 적힌 수많은 별 중에
한 페이지 귀퉁이를 접어놓았네
언젠가 그대가 끊임없이 활용(活用)하며
내 마음속에서 미끄러져 갈 때
쉬이 찾아서 읽을 수 있으리라

그때 그대는 왜 그런 말을 했나요?
아직은 나 완전히 이해할 수 없네
문장과 문장 사이에 숨어 있는
그대 기의(記意)를 찾으려 고심했지만
끝내 아무것도 찾을 수 없네

가끔씩 그대를 민들레라든지
유리조각이라고 읽기도 했었네
어쩌면 그대를 오독(誤讀)하는
그 순간이 그대일지도 몰랐기에
그대가 또 다른 기대(企待)가 될지도 몰랐기에

어제가 오늘의 어깨에 기대
검은 머리카락을 풀어 헤친 아침
그대라고 읽은 별은 모두 사라지고
하늘 한 귀퉁이에 없는 듯
어제를 접어놓은 낮달
나는 정말 그대를 읽었나요?

낮달 6

높은음자리표는 늘
오선지 맨 앞에
습관처럼 걸렸지만
오늘 아침
내가 사는 작은 동네
좁은 골목길
전봇대와 전봇대 사이에
전선 몇 줄 너머로
온음표 하나 걸려
그-대-라-고
네 박자로 부르지만
내가 노래할 수 있는 마디는
꼭 여기까지다
악보 바깥에서 기웃거리다
행여나 들킬까
손거스러미 물어뜯으며
모른 척 내뱉은 음표를
아마 그대는 영원히 몰라라
그루잠 든 아침은

안단테와 안단티노를 넘나들고
부곡동 기찰로
103번 골목길에
스스러워 아직도
꺼질 줄 모르는 가로등.

낮달 7
- 지렁이는 왜 비가 오면 밖으로 나오는가?

 지난밤 내린 늦은 가을비에 잠시 마음 주고 나왔다가 그만 돌아갈 곳 잃고 햇볕에 말라가는 지렁이를 보고 나는 이렇게 시를 쓴다.

 生에 약간의 습기는 절실하나
 숨 쉴 수 없이 먹먹하게 비가 내리면
 도무지 숨길 데가 없어 이렇게
 맨몸으로 꿈틀대는 그리움
 등뼈가 없다는 말은
 온몸으로 기억해야 한다는 비참한 은유

 햇볕에 피부가 말라가는 것을 차마 볼 수가 없어 근처 풀숲에다 던져준다
 한낮인데도 구름 속을 자맥질하는 낮달도
 이제 그만 돌아갔으면 좋겠다.

낮달 8

 문득 노을이 쓸쓸해질 무렵 저녁이면 이해할 수 없는 문장에 밑줄을 긋자 사랑니가 빠진 자리를 오래도록 훑던 혀의 감촉, 물병자리의 물은 누가 마시는 걸까, 혹은 내일은 왜 내일 오는 것인지 궁금해하며 밑줄을 긋자 그러다 모든 쓸쓸한 것들이 제 빛을 잃는 밤이 되면 사랑은 어디서 오는가, 아니 대체 어디로 가버리는가 궁금해질 즈음이면 습관처럼 시를 쓰자 누구도 이해할 수 없는 간판 같은 시를 밤은 깊어만 가고 나는 도무지 알 수 없다 사람은 왜 행복해야만 하는 건가, 감정은 자꾸만 무게를 잃어가는 건가

 저기, 어젯밤 내가 쓰다 버린 시가
 벌써 화석이 되어 있다.

이토록 가벼운 감기

기침은 속 깊은 데서 오래였다
버릇처럼 찾아오는 이 병은 낫기를 포기했는지
노트에 끄적거린 처방문도 이제 효험이 없다

감기에 걸리기에 오늘은 너무 날씨가 좋아
옷을 좀 더 가볍게 입고 나갈까
그저 화창한 너를 한 번 보았을 뿐인데
나는 가벼운 감기에 걸리고 말았다

그때, 그 눈빛, 네가 속삭였던 그 말
열병, 열병, 열병처럼 구체적인 체온이
시간에 증발하며 서서히 식어가고
나는 안타까워 참을 수 없다

 나는 감기에 걸렸을 때 그저 푹 쉬면 된다는 말을 증오
한다

 아직은 내 몸의 면역체계가 정지한 시간
 아플 때는 아프다고 그르렁거릴 수 있는 시간

나는 밤새도록 너를 옮겨 적는다
풀 수 없는 문제, 풀려서는 안 되는 문제를

어째서 내 엄지는 새끼손가락과 만날 수 없는가
어째서 내 왼쪽 눈은 그토록 오른쪽 눈을 그리워하는가.

이토록 지독한 감기

며칠 전 나는 지독한 감기에 걸렸다
갑자기 얼굴이 화끈 달아오르며 참을 수 없이 가슴이 쿵쾅거리다가
온몸에서 식은땀이 삐질삐질 흐르면서 맥이 탁 풀리는 것이다
이별을 선언하고 떠나간 여자에게 미련스럽게도 밤새 울며 전화를 거는
것처럼 끈질긴 것이 이번 감기 바이러스의 특징이라고 한다
나는 도무지 참을 수가 없어 병원에 가서 치료를 받기로 했다
지독한 감기가 아무런 예고도 없이 불쑥 찾아와서는
까닭도 없이 나를 괴롭히는 것이 심히 못마땅했기 때문이다
지독하다는 것은 내 의사와 단절된다는 것이나
내 의사는 정확히 10초 만에 진단을 끝내고는 그저 따뜻한 물을 많이 마시라고만 말했다
어쩐지 의사의 둥근 금테 안경이 고등학교 시절 생물 선생의 것과 닮았다는

생각이 들자 생물 시간에 배웠던 인체의 면역에 대해서 회상하기로 했다
인체에 감기 바이러스가 침투하면 몸은 기특하게도 스스로를 방어하는데
기침과 가래는 몸속에 들어온 해로운 바이러스를 내쫓는 생리적 반응이라고
따뜻한 물을 마시는 것은 이런 생리적 반응을 돕는다고 둥근 안경테
보다 더 둥근 배를 가진 생물 선생은 말했었다
나는 집으로 돌아와서 따뜻한 물을 머그컵 가득 담아
홀짝 홀짝 마셨다 내 의사의 진단 때문인지 의사의 둥근 안경테를 닮은 생물선생에 대한
둥근 추억 때문인지 아니면 감기 같은 너를 떠올린 것인지도 모르겠
다만 나는 연거푸 물을 들이마시며 또 켁켁거리며 가래를 뱉어낸
다만 가래를 뱉어낸 휴지 뭉치들은 버려진 시처럼 폐허다
가래에 침삭하며 부피를 잃어버린 휴지 뭉치들처럼

시를 하나씩 내 몸에서 버릴 때 마다 나는 또 점점 시들시들해진
 다만 이토록 지독한 감기로 죽진 않는다.

소나기

7월의 첫날이었고
여름은 어느 버스 정류장에
소나기같이 쏟아졌다
어째서 그리움은 이렇게
단숨에 다가오는 걸까
가벼운 내 생에
보다 더 가벼운
무심코 버린 종이조각 같은 너
불어난 물이 꼭꼭 숨겨둔
너를 태우고 흘러갔다
낮게 낮게 자꾸만 낮게
흘러서 젖은 내 신발을 지나
버스 정류장 아래
하수구멍 속으로 사라졌다
안녕, 언젠가 다시 만나더라도
너는 날 알아볼 수 없겠지만
그래도 안녕
세상의 모든 빗물은
하수구로 흘러들어가

지구 깊숙한 곳에서 만날 테니까

온몸으로 쏟아지는 소나기가 그치기 전에
이제 버스를 타야겠다.

비 오는 날

그대와 수수께끼 풀기를 했지
지는 사람이 밥을 사기로
난 일부러 사탕이나 사랑 같이 쉬운 문제를 내고
그대에게 까지의 거리를 눈짐작하는데
그대는 고개를 갸웃거리는 시늉이다가
유리창에 부딪혀 흘러내리는
빗물에 대해 이야기를 꺼냈지, 그날
비는 어디에 내렸던 걸까?
어째서 우리는 상형문자를 몰랐던 걸까?
후회하며 나는 오늘도 살아가고는 있지
하지만 지구는 둥근 별이니까
둥근 별이니까 그대는 어디선가
하얀 김이 나는 밥을 먹고 있겠지
잘 살고 있겠지.

기다림의 시간이 끝났다

여자는 다리를 꼬고 앉아 에스프레소를 주문한다
남자는 여자의 몸에서 에스프레소 향기를 상상한다

두 사람이 사이를 만든다
사이에 시간이 스미어 고인다

여자는 손가락으로 두꺼운 책의 첫 장을 넘긴다
남자는 여자의 묶은 뒷머리에 대해 시를 쓴다

두 사람 사이에 고인 시간이 어색하게 침전한다
여자의 묶은 뒷머리 끝에서 진한 에스프레소가 뚝뚝 떨어진다

여자는 스푼으로 하트모양 거품을 휘젓는다
남자는 사실 에스프레소와 카푸치노의 차이를 모른다

두 사람이 만든 사이는 틈이다
어색하게 침전하는 시간이 조금씩 샌다

카페 창밖에 은행잎이 갑자기 우수수 떨어진다
바람이 부는 것은 어쩔 수 없다

두 사람 사이에 아슬아슬한 틈을
이제는 어쩔 수가 없다

여자는 핸드백에서 빨간 지갑을 꺼내고 시간을 센다
남자는 아직 시를 완성하지 못했다

여자의 묶은 뒷머리에서 아직 에스프레소가 뚝뚝 떨어진다
남자는 사실 에스프레소와 카푸치노의 차이를 모른다

기다림의 시간이 끝났다
각자의 커피값을 계산할 시간이다.

| 해설

활엽의 시편들,
그 안에 찍힌 시 벌레의 무늬들

정윤천(시인)

― 시집의 후반에 연작시의 형태로 쓰여져 있었던 "이 토록 가벼운 감기"의 운을 빌어와, 그토록 가벼운(?) 김동우의 시 읽기를 중심으로

1

김동우의 시들은 구식이면서 다분히 신선하다. 사람의 얼굴로 치면 노안이면서 동안(童顔)을 내비치는 지점에 그의 대부분의 시들은 운기를 조정하거나 좌정 중에 있는 듯이 보인다. 그렇다고 그가 딱히 기발한 행보의 일취월장이거나 천둥 번개와도 같은 견성의 경지를 함부로 꿈꾸거나 기웃거리는 자세에서도 자유롭다는 느낌이 들었다.

한편으로는 그가 벗어 놓고 들어간 시문(詩門)의 무문관 방문 앞의 고무신 한 켤레 속으로는, 처음엔 미립자와도 같았을 먼지들이 날아와 그 위에 이끼가 깔리고, 그것들이 다시 언어의 토씨들을 쌓아 지층을 이루었는

가 싶었는데, 그 고무신 한 뼘 안의 대지 안에서는 훤칠한 강아지풀 한 잎 같은 게 돋아나 꼬리를 자꾸만 살랑거린다. 마치 살아있는 강아지 한 마리의 꼬랑지 흔들림 같이는 말이다.

김동우는 첫 시에서부터 자신이 쓰고자 하는 시적 대상의 소재와 진실을 풀어나가는 방식이 독자들로 하여금 충분한 신뢰를 갖도록 하는 높이를 내보이며 있었다. 그의 작품들이 또한 허황하거나 과도한 말 부림(?)의 잔치에서도 일정 부분 비켜서 있다는 느낌 역시 다른 투고작들과 대별된다는 점이다.

> (전략) 만삭인 배 앞에/ 무릎을 꿇고/ 헤진 운동화 뒤축에 검지손가락을 넣는다// 아내의 발이/ 아프지 않냐고 말했다/ 나는 괜찮다고 말했다// 하지만 꽉 낀 검지손가락이 몹시 아프다/ 내 몸의 일부가 되는 것은 언제나 아프다.
> - 「아내의 발이 말했다」 부분

만삭인 배를 가진 아내의 발 앞에서 신발을 고쳐 신는 아비의 순간. 아이(자식)를 기다리는 부정의 인식이 사뭇 독특하고도 애틋해 보인다. 아내의 발은 운동화에 끼인 아비의 손가락이 아프냐고 물었고 그는 괜찮다고 대답한다. 대답은 하였지만 실은 손가락이 아프다. "내 몸의 일부가 되는 것은" 이제 그에게로 아픔의 대상이 되어 찾아오는 것이다. 그에겐 어쩌면 시를 대면하는 마음 역시 그와 같은 것일지도 모른다는 짐작이 들었다.

위의 글은 문예 매거진 《시의 시간들》의 전신인 《운율마실》이라는 매체에서 공모한 신인 작품에 투고한 바 있었던 김동우 시의 심사평이다.
필자와 김동우의 관계는 투고자와 심사자의 자리에서 첫 대면을 하게 되었다. 그리고 그는 그렇게 한 사람의 시인이 되었으며, 이제와선 첫 시집의 원고를 옆구리에 끼고 찬바람이 드센 정초의 한국 시단에 단기필마의 복색으로 나타난 듯이 보인다.

김동우의 시집 『너테를 위해』 속의 시들을 살피기에 앞서 필자는 한 가지 사실을 우선 밝혀볼까 하는데, 이는 필자의 시론이거나 기존 담론들의 제시나 황망한 제스처 보다는 김동우 시집의 시들을 최대한 더 많이 대면하거나 올곧게 펼쳐보는데 주력해 보려는 자세이다.
이는 그의 시가 내재한 활엽수에서 떨어져 나온 낙엽들의 "무늬"들에 관한 천착의 태도와 완성도를 한정된 지면 속에서, 더더욱 다감하게 견인해 보려는 나름대로의 의도 이기도 하였다.

다른 한편으로는 다소 지루하게 여겨지기도 하는 지적이거나 철학적인 인용구들을 늘어놓고서, 정작 열 편도 안 되는 인용시를 통해 시인의 시적 의도를 감안하려 드는 일부 평자들의 버릇(?)에 대한 반감이 자리 잡고 있다.

내가 쓴 모든 시는 사실
풋내기 시절 첫사랑에게 빌려 온 것이니
불안을 일당으로 받고 사는 지금 나는
나에게 파산을 선고한다

빛나는 인생이란 결국 빚꾸러미 인생임을
활엽수들이 모든 잎을 떨어뜨린
11월의 마지막 날 비로소 깨달았다

오른쪽 팔을 들어 올릴 때마다
욱신거리는 어깨 통증 때문에
정형외과에서 염증 주사를 맞았다
펜을 잡고 싶지 않은 이유가 하나 더 늘었으니
이제 마음이 놓여야 하는데
삶이 자꾸만 쓰고 또 지우라고 한다

그림자가 나보다 더 빨리 잠드는 밤
그런 밤은 점점 늘어만 가고

나는 뜨거운 불면증에 시달리고 있다

옮겨 적을 별이 없으니
밤하늘은 원래 검은색
어머니의 양수를 본 적이 없으니
우리는 모두 가난한 태생들이다.
- 「개인회생」 전문

  시집에 놓인 첫 시를 옮기는 손길이 한 편으로 미덥다. 그가 쓴 시들의 대부분은 "첫사랑"의 기인으로부터 출발하고 있음을 밝히고 있다. 더 적확하게 말하면 첫사랑에게서 "빌려"왔다는 고백이다. 그 사랑의 정체는 누구이거나 혹은 무엇일까. 어쩌면 그것은 그가 이제 막 '세계'와 "검은 색"과 어머니(양수)의 부재와 결핍을 알아가거나 발견해 나가는 자신의 이성이거나 소년일 수 있었고, 소위 문학이라는 성문 앞에서 두리번거리는 한 사람의 문청으로도 읽는다. 그리고 그는 그로부터 혹은 그곳으로부터 "빚꾸러미"의 인생을 사는 자로 스스로를 낙인찍었다. 파산의 선언이 또한 그런 혐의를 갖는다. 하지만 어깨가 아파 염증 주사를 맞고 돌아온 밤에도 "삶은 자꾸만 또 쓰고 지우라고 한다" 따라서 그는 늘 "가난한 태생"임에 분명해졌고, 시제이기도 한 "개인회생"의 지난한 방식은, 그림자를 먼저 재워 놓고 돌아앉은 "뜨거운 불면" 속에서 시를 써야만 하는 운명의 사람일 수 있었다. 그리하여 그는 "뱀의 혀처럼 간교하게 속삭"일 수 있으며, "아슬아슬하게/ 칼날을 피할" 줄도 알게 된 자신에게 "잘했어"(「면도」부분)라고 말할 줄도 알게 되었다.

봄밤에는 봄비가 내린다

비를 품고 있는 구름과 비를 먹고 있는 봄꽃 사이를 채우는 건 바닥에 부딪혀 무수한 신음을 내는 빗방울

나도 어제 꿈 비슷한 것을 꾼 듯하다 그러나 소망은 실망과 절망 어디쯤, 이제 더 이상 주기도문을 외우지 말자

한 남자가 옥타곤 안에서 피 터지게 싸우는 동안 봄밤은 봄비를 마셨고 나는 커피를 마셨다, 흔한 일이다

어떨 때는 봄비가 왜 내리는 건가 싶기도 하다
살면서 왜 우는지 잘 모를 때 그렇다
나도 챔피언이 될 수 없다는 걸 느끼고 있기에 그렇다

봄밤에는 봄비가 내린다 그리고
봄꽃은 간절하게 피지 않는다, 내년이면 나는 키가 더 자란 아이들과 사진을 찍을 것이다.
  -「정찬성을 위하여」전문

시적 사유의 행간이 꽤나 넓어 보이는 시 한 편이 앞에 놓였다. "정찬성"은 "옥타곤"이라 불리는 철조망 안에서 주먹과 발길질을 내세우는 자본 시대의 한 용맹하거나 불운한 격투사의 이름인데, 시의 내용은 막상 정찬성을 그리는 데에는 인색해 보이고, "나도 챔피언이 될 수 없다고" 느끼는 자신의 이야기를 기록한다.

언젠가 정찬성이 챔프에 도전했다가 링 바닥에 나가 떨어졌던, "봄밤"에 내리는 "봄비"의 이미지를 불러내면서 "비를 품고 있는 구름과 비를 먹고 있는 봄꽃 사이를 채우는 건 바닥에 부딪혀 무수한 신음을 내는 빗방울"로 그 배경이 우화하면서 희미하게 바닥에 고인(?) 정찬성을 반추하며 있다.

"봄밤에는 봄비가 내린다 그리고
봄꽃은 간절하게 피지 않는다, 내년이면 나는 키가 더 자란 아이들과 사진을 찍을 것이다."

이 시의 종장은 앞 연의 묘사들보다 한층 선연하고 비의적이다. 내년에도 아이들과 겨루어야 할, 교사가 직업인 김동우 시인과 격투사인 정찬성도 제 생의 날들 속에서 "사진"을 찍는 것이다. 싸워야 하는 것이다.

    난생처음 수면 내시경을 하는데
    잠이 들지 않으면 어떻게 하지 걱정하다가
    깨어났다

    아파트 대출금이나
    이번 달 애들 학원 비 혹은
    간병인 보험을 들라며 조르는 보험설계사의 전화를 걱정하다가
    문득 깨어나면 좋겠다

    내 그림자보다 늙어버린 내가
    긴 오후 햇살에 희미해져 가는 곳에서.
    ―「피안」 전문

  필자도 오래전 "피안"으로 알고 육지에서 도망쳐 갔던 머언 섬마을에서 시난고난 찾아왔던 위장병 때문에 예의 수면 내시경을 처음으로 받았던 기억이 있다. 침상에서 깨어나자 야릇한 쓸쓸함과 불쾌감이 밀물처럼 밀려들어 나도 모르는 사이에 눈꼬리가 축축해지고 말았다. 어디를 다녀왔는지 한참을 알 수 없었고, 머리숱이 적은 중년의 의사가 헤진 내 위장의 전모를 화면 속에서 헤집어 내어 한참이나 비쳐주었다. 처방지를 떼

며 식습관을 바꾸거나 담배 등속을 줄여야 한다는 말로 침잠해 있던 내 비위를 참견하여 주었다. 그 후로 다시는 수면 내시경을 수용할 수 없었다. 컥컥거리기는 하면서도 맨 내시경을 했다. 맨 정신이 더 좋았다.

"내 그림자보다 늙어버린 내가
긴 오후 햇살에 희미해져 가는 곳에서."

시인도 이제는 그런 곳에서 깨어나고 싶다고 한다. 이렇게 얻어듣고 보니 그와 나의 "피안"인들 피차에 생기발랄한 곳은 아니었는가 보았다.

비가 오는 금요일이면
우리 만나요
만나서 얘기 좀 해요
오래전에 헤어졌다 다시 만난 애인처럼
빗물에 젖은 양말에 대해 얘기해요

당신 형편은 좀 나아졌나요?
빗물은 배수구를 따라 흘러가며 주름살을 만들어요
그 시절 날씨가 아직 생각 속에 야멸진데
지금 날씨에 어깨를
툭툭 얻어맞고 있어요

그러니까 우리 만나요
만나서 얘기 좀 해요
알아들을 수 없는 이방인의 헛소리라도 지껄여 봐요

내가 하나의 날씨가 아니라면
어떻게 비처럼 웅얼댈 수 있겠어요
우산 안쪽으로 비가 떨어지지 않아요
우연은 우리에게 없는 날씨입니다

나는 오늘 일기를 쓰지 않겠습니다.
-「전언」 전문

"전언"은 말 그대로 전하는 말이어서 당연히 그 말을 전해 듣는 누군가가 있어야만 하였다. 그런데 이 시에서는 내 말을 받아 적는 당사자가 드러나지 않는다. 혼잣말이다. 그래도 화자는 "빗물에 젖은 양말에 대해 얘기"하고 싶어 한다. "날씨에 어깨를/ 툭툭 얻어맞고 있어서"라고 하지만, 그것만으로 그의 심정의 전부를 헤아리기엔 다소 무리가 있어 보인다. 그래도 그는 만남을 포기하거나 거두고 싶은 생각이 없어 보였다.

"그러니까 우리 만나요
만나서 얘기 좀 해요
알아들을 수 없는 이방인의 헛소리라도 지껄여 봐요

내가 하나의 날씨가 아니라면
어떻게 비처럼 웅얼댈 수 있겠어요
우산 안쪽으로 비가 떨어지지 않아요
우연은 우리에게 없는 날씨입니다

나는 오늘 일기를 쓰지 않겠습니다."

추측컨대 이방인의 "헛소리"라도 구해야 할 만큼의 생의 "우연"의 날이 시인에겐 갈급했던가 보았다. 그리하여 자신이 하나의 날씨(-비처럼 웅얼대는)인 상태를 알았을 때 그는 전했거나 전하여 보았을 것 같았다. 만약에 전하지 않았더라면 그 밤의 일기장 한 쪽에 적어 넣어야만 하였을지 모르는, 그 어떤 비극이거나 희극이었을지도 모를 자신의 사정이거나 고백에 대하여서 말이다.

2

저녁을 먹고
음식물 쓰레기를 버리러 나왔다가

달이 예뻐서
그냥 달이 너무 예뻐서 맥주를 마시고 싶었습니다

아파트에서 나와 편의점으로 가는 골목길에도
달은 구름에 가렸다가 나왔다가
또 가렸다가 나왔다가 마치 나를 놀리는 듯이
맥주가 마시고 싶었습니다

주차금지 구역에도 차는 주차되어 있고
그건 어쩔 수 없는 일입니다
킥보드를 탄 어린이가 엄마보다 앞서서 달려가고
그건 어쩔 수 없는 일입니다

편의점 앞에는 한 쌍의 연인들이
무슨 이유 때문인지 열심히 다투고 있습니다
너무 가까이 가면 무안해 할까봐 얼른 지나칩니다
편의점 아르바이트생이 고단한 듯이 전공책을 덮고 계산을 합니다
오래전 내 모습이었고
언젠가 누군가의 모습입니다

그래서 인생의 가장 아름다운 순간이 언제냐고 묻는다면
나는 달이 예뻐서
그냥 달이 너무 예뻐서 맥주를 마시겠습니다

비닐봉지가 앞뒤로 흔들릴 때마다
맥주 두 병이 서로의 차가운 몸을 열심히 훑어댑니다
그냥 달은 예쁜데 저기서 저렇게 예쁜데
여기는 달그림자만 자꾸 아른거립니다.

– 「화양연화(花樣年華)」 전문

  동서고금의 시들 중에서 "달"은 최고의 시적 재료이자 소품이었다. 이견이 없을 것이다. 하지만 김동우 시인의 "화양연화"의 배경 뒤에서 상관물로 자리 잡은 달은 김동우 시의 이전의 달들, 예를 들어 어느 시인이 써서 널리 알려진 "달이 떴다고 편지를 주시다니요" 등의 달들과는 그 태생이 좀 다른 느낌이 있다.

  "달이 예뻐서 맥주를 마시고 싶"더라는 고백이 상큼하다. "그래서 인생의 가장 아름다운 순간이 언제냐고 묻는다면/ 나는 달이 예뻐서/ 그냥 달이 너무 예뻐서 맥주를 마시겠습니다"라는 토로가 또한 상큼하다.

  "그냥 달은 예쁜데 저기서 저렇게 예쁜데 여기는 달그림자만 자꾸 아른거립니다."라는 후기(後記)는 그러나 이제 상큼하지 않은 것 같다. 그러니 달은 "화양연화"를 비유 하듯 비춘다.

  단지 음식물 쓰레기를 버리러 나온 길이었는데, 주차금지 구역에도 차들은 주차되어 있었고, 그런 어쩔 수 없는 일들은 또 다시 지나가고. 편의점의 알바 생은 오래 전 자신의 모습 같았고, 비닐봉지 속에서 맥주 두 병이 서로의 차가운 몸을 찬란하게 비벼대는데, 예쁘다고 예쁘다고 달은 따라오는데, 돌아보니 여기에서는 "달그림자만 자꾸 어른거립니다."

혹여 이 시의 독자 중의 하나인 당신께서도 무엇으로, 어떤 이유로 하여 맥주를 마시고 싶지는 않으신지요. 어차피 아름다운 시절은 가버렸으까 말이예요.

> 부산에도 올 들어 첫눈이 내린 날
> 퇴근길에 생선 트럭에서 고등어 두 마리 산다
> 두 돌 난 아들 녀석이 잘 먹었으면
> 좋겠다고 대문을 들어서는데
> 간만에 만난 집주인이 전세금 얘기를 한다
> 예예, 그래요 그렇군요
> 이런저런 이야기
> 너와 내가 살아가는 조금은 뻔한 이야기는
> 저녁 어스름 진 찬바람에 더욱 짙어가고
> 문밖에 매달아 놓은 무청 시래기도
> 얼었다 녹았다 긴긴 겨울 또
> 얼었다 녹았다 하며 잘 말라가는데
> 나는 추위에 잔뜩 움츠러든 채 집에 들어가서
> 아이의 보드란 볼에다 손을 녹인다
> 마중 나온 아내에게 나는

여보, 우리 이사 갈까라는 말 대신에
조림하기에 적당히 삼 등분된 고등어를 내밀며
고등어 대가리처럼 먹을 건 없지만
방 세 칸짜리 집을 얻어야겠다고 다짐하고
서툰 발음으로 압빠, 압빠 삐죽이는
아이를 안아 올린다
올랐으면 하는 것은
올해가 지나도 오르지 않겠지만
오르지 말았으면 하는 것은
올해가 지나면 또 오르겠지 그러면서도
아이가 하루하루 자라는 게 참 신기하다
이런저런 생각에 옷을 갈아입는데
부엌에 시래기 고등어조림 끓는 냄새가 얼근하다.
– 「너테를 위해」 전문

시집의 제목을 두고 필자와 시인 간에 한참을 설왕설래 하였는데, 그가 이 시를 표제시로 삼은 이유를 어렴풋이 알 것도 같다. 문체나 외양의 문제가 아니라 화자의 내면(안)이 천의무봉의 매끄러운 언술을 자아내어 사위가 문득 고조곤 해지는 내용 같았다. 세입자와 남편과 아버지의 모습이 변의 길이가 똑같은 삼각편대를 이루고 있다.

이는 참으로 모처럼 눈이 많이 내리는 날의 부산에

서 끈덕지게 붙어살고 있거나 지내는 모든 서민들의 가계와 저녁 밥상과 젊은 아비들의 노래에 다름 아니었을 것이다. 애국가가 대한민국 모든 국민의 노래이듯이.

그리고 이 시를 통해 아름다운 우리 말 하나를 더 알게 되었다. "너테"는 그러니까 살얼음이라는 순우리말의 뜻이었다. "방 세 칸짜리 집을 얻어야겠다고" 생각하고 "아이가 하루하루 자라는 것이 신기하다고" 생각하는 시인의 현재가 아름답다. 그리고 그가 발간하는 첫 시집의 제목이 "너테를 위해"였음을 여기에 한 번 더 밝혀 주기로 한다.

> 여름 해는 눈치도 없지 저녁 7시가 다 되도록 지질 않기에
> 나는 퇴근도 못 하고 어쩔 수 없이 놀이터에서 잔업을 하고 있는데
> 거 사장님, 정말 너무한 거 아니오? 밥은 먹고 놉시다! 하면
> 부모 잘 만난 덕에 겨우 다섯 살에 사장이 된 그는
> 아까부터, 한 번만 더 타고! 딱 한 번만! 같은 말만 반복하며
> 계단을 타고 쪼르르 올라가 미끄럼틀을 타고 쭈르르 내려오는데

나는 퇴근도 못 하고 저녁밥도 못 먹고 화가 나서
자꾸 그러시면 가사노동청장님께서 몹시 노여워하실 거라고 으름장을 놓으니
과연 이건 먹히는지, 안 돼! 하며 얼른 내 손을 잡고
고개를 갸웃갸웃 샐쭉샐쭉 웃는 표정을 짓는데
나는 그만 그 웃음에 깜빡 속아 넘어갈 수밖에!

여름 해는 눈치도 없지 저녁 7시가 넘어도 지질 않는데
나는 사장님이 탄 뺑뺑이를 돌려야만 하는 열정페이 노동자
그러니까 너무 열심히 일하려고 애쓰지 말자
그런다고 지구가 더 빨리 도는 것도 아니고.
－「열정페이 노종자」전문

세상에나 별난 이름의 노동자가 이 나라에 살고 있었다. "열정 페이 노동자" 그 이름이 대나무 바구니 노동자 이거나 고구마 줄기 까기 노동자 보다 더 얄궂기도 하였다. 노동의 내용 또한 범상치 않다. 부모 잘 만난 "다섯 살 사장님"을 모시는 일이다.

평범해 보이는 시의 내용치고는, 좀 더 얼큰하게 표현하자면 기지와 해학이랄까. 시는 좀 이런 맛이 있을 때 읽는 이의 마음을 촉촉하게 하거나 보드랍게 해준다. 위무라고도 할 수 있을 것 같다. 영화를 보거나 음

악을 듣는 일들이 다른 한편으론 위무의 방편이 아니었던가.

"사장님 정말 너무한 거 아니오 밥은 먹고 놉시다!" 하면, 인정머리 없는 꼬마 사장님은 "한 번만 더 타고"를 아까부터 반복하는 중이다. 급기야 "가사노동청장님"이 불려 나오는데, 이 열정 밖에 안 남는 가엾은 노동자의 입에서 나온 말은 아마도 '엄마한테 이른다' 정도였겠지.

"여름 해는 눈치도 없지 저녁 7시가 넘어도 지질 않는데
 나는 사장님이 탄 뺑뺑이를 돌려야만 하는 열정페이 노동자
 그러니까 너무 열심히 일하려고 애쓰지 말자
 그런다고 지구가 더 빨리 도는 것도 아니고"

하지만 이 시는 말미에 와서 아이와 아빠 사이만의 밑그림에서 운전대를 약간 트는 듯한 느낌을 준다. "그러니까 너무 열심히 일하려고 애쓰지 말자/ 그런다고 지구가 더 빨리 도는 것도 아니고"라는 경고성의 문구를 누군가에게로 건넨다. 혹시 자신에로 다시금 강조하는 말일지 모른다.
 이 땅의 모든 열정페이 노동자들이시여. 적당한 지

점에서 "뺑뺑이"들을 멈추시오. 혹은 이들의 과도하게 돌려야만 하는 저 과한 노동의 뺑뺑이를 그만 적당한 지점에서 멈추게 하여 주소서 라고 말이다.

지금 시인은 자신의 시 한 편으로 나비효과를 불러 내어 보려고도 하는지 곰곰 생각해 볼만한 의의가 있어 보였다.

아내가 내 책장에 포장을 뜯지 않은 스타킹을 꽂아 두었다 정확히 말하자면 파인만의 여섯 가지 물리 이야기와 신경림의 시인을 찾아서 사이이다 어떻게 하늘같은 남편의 책장에 스타킹을! 하고 순간 화가 났지만 자상하고 이해심 많은 남편인 나는 마음을 가라앉히고 아내의 처지를 헤아려보기로 한다.

아내는 왜 두 책 사이에 살색 스타킹을 꽂아 두었을까 요즘 유부녀들 사이에 유행하는 최신 남편 유혹법일까 잠시 지난 몇 번의 잠자리를 떠올려 보았으나 몇 분 만에 끝났는지 기억이 나지 않는다 나는 한때 지성인이라면 상대성 이론쯤은 알아야 한다고 물리를 공부했지만 삽입과 왕복 운동이 만들어내는 운동 에너지가 몇 만 뉴턴의 오르가슴으로 치환되는지 파인만 씨는 아무 이야기도 해주지 않았다.

살면서 꼭 필요한 이야기는 낯 뜨거운 경우가 많으

므로

때로는 자세히 설명하기보다 상상해야 할 때가 많다는 것을 알고부터 나는 신경림 시인이 소개해 주는 시인들의 시를 베껴 쓰고 있었다 한참이나 시를 베껴 쓰다 보면 배가 몹시 고팠고 나는 라면을 먹어야 했고 결국 물리나 시나 돈이 되지 않는다는 점은 똑같다는 걸 알았다.

아하, 그렇구나!

아마 아내 입장에서는 속은 것이리라 물리 법칙에 따라 물체의 자유 낙하에 대해 시를 쓰는, 시를 쓰며 언어의 불확정성 원리에 대해 떠들어 대는 한 남자에게 한눈에 홀딱 반한 탓이리라.

하지만 그걸 꼭 내 탓이라고만 할 수는 없지 않겠는가! 세상 모든 잘난(혹은 잘난척하는) 남자들의 허세는 실은 종족 번식이 목적인 것을 이미 알아버린 아내는 보란 듯이 스타킹을 카드 삼아 긁는다 아무리 긁어도 좀처럼 돈이 나오지 않는 남편의 허세를 긁으면서 잘 좀 해보라고 잘 좀 해보라고

에라이, 밤에라도 잘 좀 해보라고.
―「아내의 스타킹이 말했다」 전문

"열정페이 노동자"답게 시인의 시에는 아이와 아내가 자주 출몰한다. 아내를 위해 헌신해 보려는 마음의 시는 물론이고, 아내 몰래 편의점으로 술을 사러 나가는 배신 행각의 시편도 들어 있었다. 그의 '아내 시'들을 대표하여 이 시를 무대 위에 불러내 보기로 한다. 점입가경의 초식으로 사방팔방으로 퍼져 나가는 문장력의 위세가 결코 장난이 아닌 "필력"의 시 한 수가 여기에 있다.

 "아내는 왜 두 책 사이에 살색 스타킹을 꽂아 두었을까 요즘 유부녀들 사이에 유행하는 최신 남편 유혹법일까 잠시 지난 몇 번의 잠자리를 떠올려 보았으나 몇 분 만에 끝났는지 기억이 나지 않는다 나는 한때 지성인이라면 상대성 이론쯤은 알아야 한다고 물리를 공부했지만 삽입과 왕복 운동이 만들어내는 운동 에너지가 몇 만 뉴턴의 오르가슴으로 치환되는지 파인만 씨는 아무 이야기도 해주지 않았다"

 시인에 따르면, 아내는 "파인만의 여섯 가지 물리 이야기와 신경림의 시인을 찾아서" 사이에 포장도 뜯지 않은 살색 스타킹을 꽂아 두었다. 시의 발단은 여기에서 출발하였다. 갖은 상상과 의문이 뒤를 따른다. 급기야 자상하고 이해심 많은 남편으로 돌아가 아내의 심정과 처지를 이해해 주려고도 한다. 유혹인가? 하다가, 제풀에 나가떨어져 신경림의 시나 베끼고서 배가 고파 라면을 탐하는데서 그치고 말기도 한다. 시를 쓰고 돈을 잘 못 버는 자신을 합리화하고 나면 아내의 처지와 입장을 헤아려 보게 도 되었다. 그리고 한동안이 지난 뒤에야, 아내의 스타킹은 말한다. 시인은 겨우 그 말을 해석하였거나 알아듣게 된 지경에 와서 이르렀다. 다시 말하자면 그렇게 한 사람의 '시인'이 되기도 하였던 셈이다.

"하지만 그걸 꼭 내 탓이라고만 할 수는 없지 않겠는가! 세상 모든 잘난(혹은 잘난척하는) 남자들의 허세는 실은 종족 번식이 목적인 것을 이미 알아버린 아내는 보란 듯이 스타킹을 카드 삼아 긁는다 아무리 긁어도 좀처럼 돈이 나오지 않는 남편의 허세를 긁으면서 잘 좀 해보라고 잘 좀 해보라고

"에라이, 밤에라도 잘 좀 해보라고."

시인아, 아내의 스타킹을 그렇게나마 알아먹게 되었노라면 이제부터라도 밤에 더 열정적인 노동자가 되기를 빌어마지 않는다.

3
시집의 앞부분에 있는 시들을 순서에 따라 오로지

필자의 감식안만을 토대로, 사실은 허망하거나 진지하게 읽어 내려왔던 셈이다. 그리고 이제 남아있는 시들을 마감 삼아 살펴보려는 자리에서, 시를 읽었던 능사에서 잠시 벗어나, 이제 시인에게 말을 걸거나 짤막한 우문을 건네도 괜찮을 것 같다.

김동우의 시들은 어디에서 왔을까. 어쩌면 그의 시는 말하고 싶음의 구원을 향하여 자기 시의 이념을 세우고 있는 듯이 보인다. 가계와 서정과 노동(직업)의 세계 속 현실감각들이 말의 지점에 와서 부활하는 것이다. 그리고 그것들은 시인이 간직한 천성적인 "사랑"의 개념에서 힘을 얻기도 하는데, 이는 그의 시적 자산이기도 하면서 한편으론 극복의 대상이기도 하였다. 김동우의 시가 현대의 속도와 쾌감을 따라붙기엔 지금의 바퀴이거나 연장만으론 불가능의 영역이 많아 보인다는 점이다. 다만 그의 우등한 필력과 지속적인 관찰력이 새로운 우주의 낯선 별빛에게도 가닿기를 바라는 마음을 "전언" 하기로 해야 하겠다.

> 찔러도 피 한 방울 나지 않는
> 구름 속에
> 감정을 담아 두었어요
> 필요할 때 꺼내 쓸 수 있다지만
> 대체로 그냥 넣어둘 뿐이죠

어떤 개념은
정의하기 너무 어렵지만
나는 때때로 시리얼을 우유에 말지 않고 그냥 먹어요
씹기 힘든 말이 입 속에서 바스락거리긴 하지만
그림자를 남기지 않아요

눈물을 닦아요
휴지 한 통을 다 쓸 때까지
밑바닥을 모를 때까지.
― 「당신 이름을 오래 배웠어요」 전문

아, 시가 빛날 때. 시가 아름다울 때. 사람들의 마음 속으로는 은빛의 나뭇잎과 은어 떼가 들기도 한다. 어떤 개념(정리하기 어려운) 앞에서 시인은 고백한다. "아무리 오래 배워도/ 어려운 일이네요/ 누군가의 이름을 정확하게 불러준다는 건// 누군가에게 밥을 담아 줄 때면/ 나는 꼭 먼저 물어봐요/ 진짜 하고 싶은 말은 괄호 속에 넣으면 되지만/ 살면서 그런 것쯤이야/ 그냥 넘어가는 때가 많더라고요" 착하고도 두텁지 아니한가 시인의 마음처럼 우리는 언제 "당신의 이름을 오래 배워 본" 적이 있기는 있었던가.

또 비가 오는 봄 어느 아침
탕비실에서 커피 한 잔 하면서

비 때문에 피려는 봄꽃 다 지겠다고 했더니
나이 지긋하신 원로 선생님 말씀하시길
비가 오니 꽃도 피겠죠

문득 억울해 죽을 것 같던 그저께 일이 떠올랐다가
봄비처럼 땅속으로 스며듭니다
봄날 언젠가는 꽃이 되겠죠

봄산에는 개별꽃 쇠별꽃
봄들에는 제비꽃 애기똥풀

봄비는 봄꽃만을 위해 내리지 않으니
왜 하필 지금 내게
라는 말은 하지 말아요

봄의 변덕이 봄의 잘못이 아니듯
우리 생의 잘못도 우리 잘못이 아닙니다.
-「봄날에는 괜찮아요 그대」전문

 이 시에 대해선 짧게 말하고 그치기로 한다. 필자의 생각으로는, 이 시가 2연인 "봄날 언젠가는 꽃이 피겠죠" 부분에서 마쳐졌으면 하는 마음이다. 그것으로 화자의 각성이 이미 다 이루어져 있지는 않았는가. 한 사람은 비가 와서 꽃이 지겠다 말했고, 다른 한 사람(원로)은 비가 와서 꽃이 피겠다고 말하였으나, 그 둘은 화자의 내면을 통과한 접점의 지점에서 "봄날 언젠가는 꽃이 되겠다"에 이르렀으니, 이제 와서 한사코 두 사람의 바라봄은 어우러짐의 영역에 도달해 있었던 것은 아니었을까.

> 불알친구 녀석과 사소한 일로 틱틱대다가
> 괜시리 같은 공기 숨 쉬는 게 서먹서먹하고
> 데면데면하던 낯짝을 보는 게 찝찔할 때면
> 사는 일이 본래 허기지면 짜증부터 나는 법
> 사내자식들의 유치찬란한 허풍 같은 것은 잠시 접어두고
> 둘이서 국밥 한 그릇 먹으러 간다
> 네 온갖 허물을 알고 지내온 날이 얼마기에
> 나는 또 너에게 이렇게 허물어지는가?
> 뜨거운 국에 과감히 제 몸을 던지는 밥의 무례함과
> 내 어느 쪽 불알이 더 큰지 예전부터 잘 알았기에
> 넉넉하게 이 맨몸을 받아주는 국의 친밀함이여
> 말없이 소주 한 잔 주거니 받거니 하다가
> 국밥의 더운 정과 소주의 화끈함이 슬슬 오르면
> 또 이 새끼
> 뭐 이 새끼 하면서
> 낄낄대는 것이다.
> ―「허물어짐에 대해서」 전문

또 이 시의 제목이 "국밥"이었으면 한다는 괜한 참견을 해본다. "뜨거운 국에 과감히 제 몸을 던지는 밥의 무례함"이 "국밥"이리라는 시인의 전언 때문이기도 하였다. 국밥을 시로 ?겨서 일찌감치 출세한 시인도 있었는데, 김동우의 국밥 역시 따뜻하고 추레한 시간의 한 진경을 건져 올렸다. 국밥집 아니고 어디에서 "또 이 새끼/ 뭐 이새끼 하면서 낄낄거려 볼 수 있으며 마음 놓고 그렇게 허물어져 볼 수 있었겠는가. 그뿐이랴. 한 쪽 것이 더 큰 친구의 불알을 커다란 목소리로 당겨볼 수가 있으려나.

1.
그녀,의 사체(死體)는 온전했다
사인(死因)은 갑작스런 충격으로 인한 심장마비
비록 싸늘한 주검일지언정
매끈하고 긴 다리와 잘록한 허리는
그녀,가 생전에 얼마나 매력적이었는지 증명한다
무엇보다 가늘고 긴 입술
은밀하고
강렬하게
그녀의 입술이 훑고 간 팔꿈치가 몹시 가렵다

2.
가끔 그녀, 가

손가락을 깨물 때면
정말이지 미칠 것 같았지
몰래 다가와
상처만 남기고 간 내 사랑이여

그래서 어떤 사람은 날 비웃었어
가진 것 다 주고도 그녀,를 잡지 못하는
호구라고
괜찮다! 괜찮다!
그대 배가 빠알간 석류처럼 부풀어 오를 때까지
나는 기다릴 수 있다

그러니까 사랑을 위해 우리는 모두
호구가 되어야 한다

3.
내가 짝!
하고 박수를 친 이유는 다름이 아니다
그건 사랑이
박수 칠 때 떠나는 것이기에
또 몰래 떠나려는 그녀,를 위해
나는 박수를 쳐 준다

내 단단한 마음을 뚫고 들어온

그녀,의 가늘고 긴 입술이 파르르 떨린다.
-「見蚊拔狂」전문

견문발검이라는 성어가 있다. 모기를 보고 칼을 뺀다는 뜻으로 조그만 일에 목숨을 건다는 식의 허장성세를 일컫는 말인 셈인데, 이 시의 시제인 견문발광은 어떤 의미로 기인했던 것인지 얼른 알아맞히기 힘든 부분이 있다. 죽은(사체가 되어버린) 사랑의 기척을 향하여 반사해 보는 마음의 상태를 일별한 것인지, 나중에라도 시인을 만나면 이 시의 온전한 의미를 되묻고 싶은 마음이다.

가끔 그녀, 가
손가락을 깨물 때면
정말이지 미칠 것 같았지
몰래 다가와
상처만 남기고 간 내 사랑이여

우선은 원문에 기대어 시를 살펴보면, 일견 시인의 지나간 사랑에 대한 "견문"으로 읽어도 크게 틀리지 않을 것 같았다. 시인은, 사랑은 박수칠 때 떠나는 것이라고 호언하기도 하는 것인데, 또 몰래 떠나려는 그녀에게도 박수를 쳐주는 방식이, 이 거룩한(?) 시의 모함을 끌고온 시인의 인내와 저력인지도 모를 일이다.

그가 앞을 향해 자신의 시를 더욱 나아가려 할 때 일단의 진술과 서사에만 의존하지 않는 자세로, 더욱 아슬하고 날카로운 모험과 유랑과 비상의 계절에게도 닿아보기를 원하려고 한다.

그러니까 우리들의 모든 시인은 시를 위해서라면 너나없이 "호구"가 되어야 한다.

너테를 위해

2025년 3월 10일 초판 1쇄 찍음
2025년 3월 25일 초판 1쇄 펴냄

지은이 _ 김동우
펴낸이 _ 임인호
편집장 _ 김옥경
디자인 _ 장상호

펴 낸 곳 _ 도서출판 신세계문학
등록번호 _ 서울 종로 00200
주   소 _ 서울특별시 종로구 동숭길 74
대표전화 _ (02)6232-8356

ⓒ김동우, 2025
ISBN 979-11-964787-2-8 03810

＊지은이와 협의하여 인지는 생략합니다.
＊이 책 내용의 전부 또는 일부를 재사용하려면 반드시 지은이와
  도서출판 신세계문학 양측의 동의를 받아야 합니다.
＊책값은 뒤표지에 표시되어 있습니다.